Ueber den neuesten Entwurf

eines

Gesetzes für den Norddeutschen Bund

betreffend

das Urheberrecht an Schriftwerken

u. s. w.

Vortrag, gehalten in der Juristischen Gesellschaft zu Berlin am 7. Mai 1870

von

Dr. Dambach,
Geheimer Ober-Postrath.

(Aus der Zeitschrift für Gesetzgebung und Rechtspflege.)

Berlin.
Verlag von J. Guttentag.
1870.

Meine Herren! Es ist eine einigermaßen schwierige Aufgabe, ein objectives Referat zu liefern über einen Gesetzentwurf, welchen man selbst verfaßt hat, welchen man vor den legislativen Körperschaften zu vertreten berufen ist, und an dem man daher erklärlicher Weise mit der Liebe eines Vaters zu seinem Kinde hängt. Die Schwierigkeit der Aufgabe wird noch gesteigert, wenn Sie in Erwägung ziehen, welche verschiedene Beurtheilung gerade der vorliegende Entwurf in der öffentlichen Meinung gefunden hat, und wie derselbe geradezu eine Bewegung in der Deutschen Presse hervorgerufen hat.

Ehe der Bundesrath den Entwurf dem Reichstage des Norddeutschen Bundes vorlegte, wurden, wie bekannt, aus allen Kreisen Sachverständige vernommen und diese erklärten sich übereinstimmend mit dem Entwurfe einverstanden. Es gingen bei dem Bundeskanzler-Amte eine Reihe offizieller und offiziöser Zuschriften ein, die sich dahin aussprachen, daß der Entwurf durchaus allen billigen Anforderungen Genüge leiste, und dessen Annahme wünschenswerth erscheine. Unter diesen Umständen durfte erwartet werden, daß der Entwurf wenigstens nicht mit Mißfallen im Reichstage aufgenommen werden würde.

Im diametralen Gegensatz dazu stand nun aber die Aufnahme desselben bei der ersten Lesung im Plenum des Reichstages. In der bekannten Rede des Abgeordneten Dr. Braun (Wiesbaden) wurde ausgeführt, daß der Entwurf formell und materiell durchaus ungenügend sei, daß er auf einem ganz verrotteten Standpunkt fuße, daß er ein Konglomerat von Kasuistik sei, daß hinter jedem Paragraphen der Staatsanwalt hervorsehe u. s. w. Der Eindruck dieser Rede war — ich möchte sagen — ein apoplektischer! Man faßte sich an die Stirn und fragte sich, ob man sich denn wirklich vollständig geirrt habe, ob die deutsche Gesetzgebung in dieser Materie wirklich seit 30 Jahren auf einem völlig falschen Standpunkt gestanden habe, und ob Männer, wie Jolly, Wächter, Heydemann, Mandry, Klostermann u. A., die am Himmel des litterarischen Rechtes als Sterne erster Größe glänzen, vollständig auf Irrwegen gewesen seien.

Indessen dieser Zustand währte nicht lange. Der Deutsche Buchhandel war es zuerst, der gegen eine derartige Beurtheilung des Entwurfs in die Schranken trat. Der Buchhandel hatte ein doppeltes Interesse zur Sache. Er war zunächst in seiner Ehre empfindlich gekränkt worden; denn es war ihm vor ganz Deutschland vorgeworfen, daß er seinen Geldbeutel höher, als die litterarischen Interessen Deutschlands stelle, und daß er die Erzeugnisse der Litteratur lediglich aus Gewinnsucht vertheuere. Der Buchhandel hatte aber außerdem auch ein finanzielles Interesse; denn mit der Abschwächung der Rechte der Autoren wurde er natürlich in seinen finanziellen Beziehungen erheblich geschädigt. In Folge dessen trat der Deutsche Buchhandel mannhaft in die Schranken, und fast jede Nummer des Centralorgans des Buchhandels enthielt wenigstens Einen Artikel, in welchem nachgewiesen wurde, daß der Entwurf doch auf richtigen Grundlagen basire.

Indessen trat der Buchhandel doch mit einer gewissen Zaghaftigkeit auf; er erklärte sich im Wesentlichen immer nur für die Prinzipien des Entwurfs in Bezug auf die Schutzfristen; denn dies war für ihn das zunächst Wichtigste. Daneben bekannte er aber schüchtern, daß der Entwurf auch Mängel enthalte, und daß demselben nicht in jeder Beziehung beigetreten werden könnte.

Nunmehr gingen die Deutschen Schriftsteller ihrerseits vor und traten für den Entwurf im Ganzen auf.

Es ist bekannt, daß Berthold Auerbach, Gustav Freytag, Hermann Grimm, Theodor Mommsen und Julian Schmidt in einer öffentlichen Erklärung vom 25. Februar 1870 aussprachen: „daß sie den vom Bundespräsidium vorgelegten Entwurf als den richtigsten Ausdruck dessen anerkennten, was zur Zeit einerseits für den nothwendigen Schutz des Urheberrechts der Autoren, andererseits für dessen nicht minder nothwendige Begrenzung festgestellt werden könne, und daß sie ein Abgehen von diesen im Wesentlichen jetzt auch in der ganzen civilisirten Welt zur Anerkennung gelangten Grundsätzen in jeder Hinsicht bedauern würden.“ Ja, man ging sogar soweit, die en bloc-Annahme des Entwurfs zu verlangen. Es traten ferner auch die Universitäten von Leipzig und Kiel auf und erklärten in Zuschriften an den Reichstag sich für Annahme des Entwurfs.

Unter diesen Umständen trat eine günstige Wendung für den Entwurf ein, und das Resultat entsprach den gemachten Anstrengungen, indem der Reichstag bei der zweiten Lesung das Autorrecht als solches und die im Entwurfe fixirte Schutzfrist mit einer nicht geahnten Majorität annahm. Der übrige Theil des Entwurfs wurde einer besonderen Kommission zur Vorberathung überwiesen. Dies ist die Lage, in welcher sich die Sache augenblicklich befindet. Wir stehen jetzt vor der weiteren Berathung des Reichstages, und es wird sich nun fragen, ob diese legislative Körperschaft auch die übrigen Prinzipien des Entwurfs annimmt.

Sie können, meine Herren, von mir nicht verlangen, daß ich in der kurz zugemessenen Zeit Ihnen einen Gesetzentwurf von 74 Paragraphen in detaillirter Betrachtung vorführe. Jeder Paragraph ist beinahe ein solcher, daß man Bücher darüber schreiben kann, wie ja überhaupt die Lehre vom Autorenrecht zu den bevorzugten Materien der heutigen juristischen Litteratur gehört. Mit Ihrer Erlaubniß will ich mich darauf beschränken, Ihnen zunächst eine ganz kurze Skizze des Entwurfs vorzuführen, weil ich annehme, daß der Entwurf den Meisten von Ihnen nicht hinreichend bekannt ist, und ich will demnächst versuchen, Ihnen folgende drei Fragen zu beantworten:

1) Was haben wir mit dem Gesetzentwurf gewollt?
2) Mit welchen Mitteln haben wir es zu erreichen gesucht?
3) Sind die gegen den Entwurf erhobenen Einwände gegründet oder nicht?

Der Entwurf zerfällt in 6 Abschnitte.

Der erste Abschnitt enthält die Bestimmungen über den Nachdruck von Büchern und sonstigen litterarischen Erzeugnissen oder, wie es nach dem Vorschlage einer bedeutenden philologischen Autorität lautet: „von Schriftwerken." Der zweite Abschnitt betrifft den Nachdruck wissenschaftlicher Zeichnungen, wie Landkarten, architektonischer, technischer Zeichnungen und dergleichen. Der dritte Abschnitt umfaßt den Nachdruck musikalischer Kompositionen. Der vierte Abschnitt behandelt die unbefugte Aufführung dramatischer, musikalischer und dramatisch-musikalischer Werke. Der fünfte Abschnitt beschäftigt sich mit der Nachbildung von Werken der bildenden Künste. Der sechste Abschnitt endlich regelt die allgemeinen Bestimmungen, insbesondere die internationalen Beziehungen.

Der Inhalt ist, wie Sie sehen, ein überaus reichhaltiger.

Der wichtigste Abschnitt ist der erste, welcher von dem Nachdruck an Schriftwerken handelt. Er ist der wichtigste nicht bloß, weil er quantitativ der bedeutendste ist, sondern auch, weil er zugleich die Bestimmungen über die civilrechtlichen und kriminellen Rechtsfolgen des Nachdrucks, über das gerichtliche Verfahren, über die Verjährung u. s. w. enthält, — Themata, auf welche in den folgenden Abschnitten nur zurückbeziehend verwiesen wird.

An der Spitze des ganzen Gesetzes (§. 1) steht nun zum ersten Male in der deutschen Gesetzgebung klar und präzise ausgesprochen: daß das Recht der mechanischen Vervielfältigung eines Buches **dem Autor allein** zusteht! Dies ist das Prinzip, aus welchem das ganze Gesetz sich genetisch weiter entwickelt. Während die früheren Gesetze theils schwankend nur von einem Schutze der „herausgegebenen Werke" sprachen, theils die Verlagsrechte mit den Autorenrechten vermischten, ist hier zum ersten Male das ausschließliche Recht des Autors als Fundamentalsatz hingestellt. Die berühmte Frage, wie das Autorenrecht philosophisch zu begründen sei, und wie es sich zum positiven Recht verhält, ist in diesem Gesetze nicht erörtert, sondern der Wissenschaft überlassen; nur das Eine ergiebt sich aus dem Gesetze klar, daß der Autor ein positiv anerkanntes selbstständiges Privatrecht besitzt. Das Recht des Autors ist vererblich und übertragbar (§. 3). Als Nachdruck bezeichnet §. 4 die Negation des Autorrechtes, d. h. jede mechanische Vervielfältigung, welche ohne Genehmigung des Autors erfolgt. §. 5 enthält die Bestimmungen über den unerlaubten Abdruck von Manuskripten und von mündlichen Vorträgen und entscheidet zugleich die berühmte Streitfrage, ob der Verleger gegen den Autor und der Autor gegen den Verleger Nachdruck üben könne, bejahend. §. 6 bezeichnet diejenigen Fälle, in denen ein verbotener Nachdruck nicht anzunehmen ist. Es wird das Citiren einzelner Stellen, die Aufnahme kleiner Aufsätze 2c. in andere selbstständige Werke, der Abdruck von Gesetzen, von öffentlich gehaltenen Reden, sowie der Abdruck von gewissen Zeitungsartikeln für erlaubt erklärt. §. 7 behandelt die Frage über den Schutz des Uebersetzungsrechts. Der Entwurf geht in Uebereinstimmung mit den meisten neueren Gesetzen und internationalen Verträgen davon aus, daß im Allgemeinen Werke frei übersetzt werden dürfen, wenn sich der Autor nicht das Recht der Uebersetzung ausdrücklich vorbehalten hat. Die §§. 8—17 enthalten die Schutzfristen. Ein Werk wird im Allgemeinen geschützt bis 30 Jahre nach dem Tode des Autors; anonyme, pseudonyme und posthume Werke, sowie die Werke von Korporationen und Gesellschaften genießen den Schutz 30 Jahre lang vom Erscheinen ab gerechnet. Der Schutz gegen neue Uebersetzungen dauert 5 Jahre lang.

Die §§. 18 bis 27 regeln die aus dem Nachdruck entspringenden civilen und kriminellen Rechtsfolgen. Der Nachdruck zieht eine dreifache Rechtsfolge nach sich: Strafe, Entschädigungsverpflichtung und Konfiskation. Die Strafe ist Geldbuße bis 1000 Thlr. Die Entschädigung besteht, wenn der Nachweis eines bestimmten Schadens nicht geführt werden kann, in dem Werthe von 50—1000 Exemplaren des Originalwerkes. Strafe und Entschädigung treten aber nur ein, wenn der Thäter vorsätzlich oder fahrlässig gehandelt hat; im Falle eines blos kasuellen Nachdrucks ist nur die Bereicherungsklage gestattet. Die Konfiskation ist eine reine Präventivmaßregel; sie findet daher auch statt, wenn kein dolus oder culpa vorliegt. Die §§. 28—33 behandeln das Verfahren. Hier ist nur hervorzuheben, daß im Gesetzentwurfe zum ersten Male die positive Beweistheorie und die verschiedenen Grade der civilrechtlichen culpa für Nachdrucksprozesse beseitigt sind. Es hatte sich in der Praxis geradezu als undurchführbar herausgestellt, in Nachdruckssachen die positive Beweistheorie aufrecht zu erhalten, und den Richter im Civilverfahren an die verschiedenen Grade der culpa zu binden. Der Entwurf bestimmt daher, daß der Richter nach freier Ueberzeugung zu entscheiden habe, ob der Thatbestand des Nachdrucks vorliegt und ob der Thäter fahrlässig gehandelt hat. Zu bemerken ist aus diesem Abschnitte noch, daß als begutachtende Instanz in Nachdruckssachen die Sachverständigen-Vereine zu fungiren haben. Diese Vereine haben sich in Preußen und Sachsen seit langer Zeit trefflich bewährt und es konnte ihre Beibehaltung daher keinem Zweifel unterliegen. Ich darf in dieser Beziehung auf den erst vor Kurzem von anderer Seite in dieser Gesellschaft hierüber gehaltenen Vortrag Bezug nehmen.

Die §§. 40—43 enthalten die Bestimmungen über die deutsche Eintragsrolle, ein Institut, welches sich in Nachdruckssachen dadurch nothwendig macht, daß dem betheiligten Publikum Gelegenheit gegeben werden muß, sich Ueberzeugung davon zu verschaffen, ob der Autor gewisse Handlungen innerhalb der gesetzlich bestimmten Fristen vorgenommen hat; insbesondere ob der Autor von anonymen oder pseudonymen Schriften seinen Namen später bekannt gemacht und dadurch seinem Werke eine längere Schutzfrist erworben hat, und ob von einem Werke innerhalb einer bestimmten Frist eine Uebersetzung erschienen ist. Es ist die Eintragsrolle ein Register, welches in Leipzig g führt wird und auf dem Gebiete der Nachdrucksgesetzgebung eine ähnliche Bedeutung hat, wie die Hypothekenbücher auf dem Gebiete des Pfandrechts.

Der zweite Abschnitt des Gesetzes (§§ 45 46) handelt von der Nachbildung geographischer, topographischer, naturwissenschaftlicher, architektonischer, technischer und ähnlicher Abbildungen. Auf diese Erzeugnisse finden ganz allgemein dieselben Bestimmungen, wie für die Schriftwerke Anwendung.

Der dritte Abschnitt (§§. 47—51) umfaßt die musikalischen Kompositionen. Er bestimmt, daß der Komponist allein berechtigt ist, seine Komposition mechanisch zu vervielfältigen, und daß jede Bearbeitung einer fremden Komposition, soweit sie nicht als eine eigenthümliche Schöpfung anzusehen ist, als Nachdruck gilt. Auf dem Gebiete der Musik findet sich eine durchgreifende Differenz zwischen der Deutschen und Französischen Nachdrucksgesetzgebung. Die letztere schützt die Melodie als solche und erklärt jede, auch noch so selbstständige Benutzung einer fremden Melodie für verboten. Der vorliegende Entwurf geht nicht so weit, sondern folgt dem allgemeinen Grundsatz, daß jede geistige Bearbeitung frei ist, und daß nur die mechanische Bearbeitung verboten werden soll. Darum sind Arrangements und mechanisch gefertigte Potpourri's verboten, selbstständige Variationen gestattet.

Im Uebrigen sind die Bestimmungen für Musik dieselben, wie für die Litteratur.

Der folgende Abschnitt (§§. 52—58) umfaßt die unbefugte Aufführung dramatischer, musikalischer und dramatisch-musikalischer Werke. Streng genommen, charakterisirt sich eine unbefugte Aufführung nicht als ein Eingriff in das Autorrecht im Sinne dieses Gesetzes; denn es ist keine „mechanische Vervielfältigung" des Werkes, wenn dasselbe öffentlich aufgeführt wird. Aber im Prinzipe führt sich das Verbot der Aufführung doch insofern auf das Autorrecht zurück, als der Autor allein bestimmen darf, in wie weit er sein Werk in die Oeffentlichkeit bringen will, er daher auch berechtigt sein muß, eine Aufführung, welche ohne seinen Willen erfolgt, zu verbieten. In allen Deutschen Gesetzgebungen findet sich daher die Bestimmung: daß ein dramatisches rc. Werk nur mit der Genehmigung des Autors aufgeführt werden kann, und diese Bestimmung ist auch in den vorliegenden Entwurf übergegangen. Im Uebrigen weichen die Bestimmungen dieses Abschnitts von den vorigen Abschnitten nur in Bezug auf die Entschädigung ab. Bei Büchern und Musikalien besteht die Entschädigung, welche dem Verletzten zu gewähren ist, in dem Werthe einer gewissen Anzahl Exemplare des Werkes; hier aber berechnet sich die Entschädigung nach dem Ertrage der Aufführung.

Der fünfte Abschnitt (§§. 59—67) behandelt die Nachbildung von Werken der bildenden Künste. Im Allgemeinen gilt auch hier der Grundsatz, daß nur der Urheber des Werkes das Recht der Vervielfältigung besitzt, und daß jede ohne seine Genehmigung erfolgte Nachbildung verboten ist. Auf diesem Gebiete entsteht aber die große Frage: wie sich das Verhältniß der Kunst zur Industrie gestaltet. Soll es erlaubt sein, Kunstwerke zu industriellen Zwecken zu benutzen, und ist es gestattet, kunstindustrielle Werke zu industriellen Zwecken nachzubilden? Diese Fragen sind bei den Berathungen des Entwurfs eingehend erörtert worden. Der Entwurf stellt sich auf den Standpunkt, daß er die Benutzung eines Kunstwerkes zu industriellen Zwecken verbietet, insofern diese Benutzung sich lediglich als eine Nachbildung des Kunstwerkes darstellt. Die weitere Frage über den Schutz industrieller Erzeugnisse berührt der Entwurf garnicht, sondern verweist dieselbe in ein besonderes Gesetz über Musterschutz. Daher würde es verboten sein, den Apoll von Belvedere nachzubilden und ihn etwa dadurch zu einem industriellen Zwecke zu verwenden, daß man ihm eine Lampe in die Hand giebt. Ebensowenig würde es gestattet sein, die Dannecker'sche Ariadne nachzubilden, wenn man sie zu einem Brunnen benutzt, indem man den Panther Wasser speien läßt.

Der letzte Abschnitt (§§. 68—74) endlich enthält die nothwendigen allgemeinen und Uebergangs-Bestimmungen und regelt außerdem die internationalen Beziehungen auf dem Gebiete des Autorenrechts. Hervorgehoben werden mag aus diesem Abschnitt nur die durchgreifende Bestimmung, daß das Gesetz den Norddeutschen Autor schützt, gleichviel, wo er sein Werk erscheinen läßt, und daß umgekehrt ein Werk, welches in Norddeutschland erschienen ist, geschützt wird, gleichviel, ob der Autor ein Inländer oder Ausländer ist.

Das, m. H., ist im Großen und Ganzen der kurze Abriß des Inhalts des Gesetzentwurfs.

Ich gehe nun über zur Beantwortung der vorher aufgestellten drei Fragen. Die erste Frage ist die:

Was haben wir mit dem ganzen Gesetze gewollt?

Diese Frage, m. H., beantwortet sich einfach dahin:

Wir haben auf dem Gebiete des Autorenrechtes ein einheitliches Deutsches Gesetz herstellen wollen; wir haben auf dem Gebiete des Autorenrechtes diejenige Aufgabe erfüllen wollen, welche fortan auf lange Zeit in der Deutschen Legislation die Hauptaufgabe sein wird: die Herstellung und Wiederherstellung des gemeinsamen Deutschen Rechtes. Auf dem Gebiete des Autorenrechtes ist nun aber eine gemeinsame Deutsche Gesetzgebung nothwendiger, als — abgesehen vielleicht vom Handelsrecht — auf irgend einem Gebiete des Privatrechtes. Die Deutsche Geisteskultur ist an keine Landesgrenze gebunden und ebensowenig das Deutsche Autorenrecht, welches ja seinerseits mit dem Steigen und Fallen der Deutschen Kultur ebenmäßig steigt und fällt. Das Bedürfniß eines gemeinsamen Deutschen Gesetzes über Nachdruck hat sich daher auch in der Praxis seit langer Zeit fühlbar gemacht. Denn es führt selbstverständlich für die betheiligten Berufskreise zu den größten Inkonvenienzen, wenn der Autor unter einem anderen Rechte lebt, als sein Verleger, und wenn wiederum am Wohnorte des Verlegers ein anderes Recht gilt, als am Wohnorte desjenigen, welcher wegen Nachdrucks verklagt wird. Die Buchhändler und Verleger fühlen diese Unzuträglichkeiten am Meisten und es ist daher erklärlich, daß gerade aus ihrem Kreise die erste Anregung zu einer gemeinsamen Gesetzgebung hervorgegangen ist.

Es hat aber ein eigener Unstern über der gemeinsamen Deutschen Nachdrucks-Gesetzgebung geschwebt. Im Jahre 1857 wurde der erste Anlauf genommen, ein gemeinsames Gesetz auf diesem Gebiete herzustellen. Der Deutsche Buchhandel wählte eine Kommission von drei hervorragenden Preußischen Juristen (Geheimer Justizrath Prof. Dr. Heydemann, Justizrath Dr. Hinschius und Präsident Dr. v. Rönne), welche beauftragt wurde, einen Gesetzentwurf auszuarbeiten. Der Entwurf fiel trefflich aus, wurde in demselben Jahre (1857) noch einmal umgearbeitet und in dieser Gestalt der Kgl. Sächsischen Regierung überreicht. Allein die ganze Arbeit blieb ohne praktisches Resultat, — es kam kein Gesetz zu Stande.

Im Jahre 1862 wurde die Angelegenheit der damaligen Deutschen Bundesversammlung seitens der Kgl. Sächsischen Regierung vorgelegt. Es ward eine Kommission gewählt, um einen Gesetzentwurf auszuarbeiten; dieser Entwurf wurde 1864 vollendet und der Bundesversammlung überreicht, aber auch dieser Entwurf hatte das Resultat des früheren Entwurfs, — es kam kein Gesetz zu Stande.

Nachdem nun die Ereignisse von 1866 eingetreten waren und die Verfassung des Norddeutschen Bundes im Art. 4 den „Schutz des geistigen Eigenthums" als Gegenstand der Bundesgesetzgebung erklärt hatte, wurde die Sache abermals energisch wieder aufgenommen und der gegenwärtig vorliegende Entwurf ausgearbeitet. Ich wiederhole also: der Zweck des Entwurfs besteht in der Herbeiführung der Einheitlichkeit der Gesetzgebung auf dem Gebiete des Autorenrechtes.

Es fragt sich nun zweitens:

Wie haben wir dies zu erreichen gesucht?

Es gab in dieser Beziehung zwei Wege. Es konnte entweder das Nachdrucksrecht auf ganz neuen Grundlagen aufgebaut werden, oder es konnte versucht werden, auf der Grundlage der bisherigen Gesetzgebung und im Anschluß an dieselbe das Recht weiter zu entwickeln.

Die Vorlage hat den zweiten Weg gewählt.

Es ist dem Entwurf zum Vorwurfe gemacht worden, daß er nicht den ersteren Weg eingeschlagen, daß er das Gesetz nicht auf ganz neuen Prinzipien aufgebaut hat. Ich glaube, m. H., daß dieser Vorwurf nicht begründet ist. Mit dem Aufbauen von Gesetzen auf neuer Grundlage ist es überhaupt ein eigenes Ding. Das Gesetz soll nach meiner Ansicht das Recht nicht auf neuen Grundlagen in der Weise aufbauen, daß es das Leben zwingen will, sich ihm zu accomodiren, sondern die Aufgabe der Legislation ist: dem Leben zu folgen, und dasjenige, was im Leben sich als bewährt herausgestellt hat, in Erz zu gießen, gewissermaßen nur eine feste Form für die bereits vorgefundene Materie zu schaffen. Auf dem Gebiete des Nachdrucksrechtes hat sich nun seit dreißig Jahren eine ganz feste Praxis gebildet. Der Buchhandel und die Litteratur sind über die meisten Fragen zu sehr bestimmten, festen Grundlagen gekommen, und es wäre gewiß eine ganz verkehrte Art gewesen, wenn der Entwurf jetzt plötzlich diese Grundlagen hätte verlassen und auf irgendwelche neuen Theorien hin ein neues Nachdrucksrecht hätte aufbauen wollen. Der Entwurf ist in Folge dessen dazu gekommen, auf den bisherigen wohlbewährten Grundlagen gewissermaßen nur eine Kodifikation herbeizuführen und die Streitfragen, die sich in einer 30jährigen Praxis gezeigt haben, auf legislativem Wege zu entscheiden, im Uebrigen aber bei den bisherigen Fundamentalsätzen zu verbleiben.

Was nun endlich die dritte Frage betrifft:

Sind die Einwendungen, welche man gegen den Entwurf gemacht hat, begründet?

so konzentriren sich diese Einwendungen auf drei Bemängelungen. Man hat zunächst behauptet, daß der Entwurf die Autoren viel zu lange schütze; man hat ferner eingewendet, daß er sich — wie die Presse sich einmal ausdrückte — mit einer wahren Wollust in Kasuistik ergehe; und man hat ihm endlich vorgeworfen, daß er zu viel Strafbestimmungen enthalte. Es fragt sich, ob diese drei Einwände begründet sind. Ich kann — bei vollkommen objektiver Beurtheilung der Sache — die Einwendungen nur für unbegründet halten!

Was den ersten Einwand betrifft: daß der Entwurf die Autoren zu lange schütze, — so ist darüber in der neuesten Zeit so viel gesprochen und geschrieben worden, daß ich glaube, darüber hinweggehen zu können. Der Reichstag hat sich für das Prinzip des Entwurfs entschieden und angenommen, daß die Schutzfristen nicht zu lang bemessen seien. Nur auf einen Punkt möchte ich hierbei aufmerksam machen: ich glaube, daß man in dieser Frage die Beweislast falsch normirt hat. Die Beweislast steht nämlich m. E. nicht so, daß der Entwurf den Beweis führen müsse, daß die Autoren einen Anspruch auf die ihnen gewährten Schutzfristen haben, sondern Diejenigen, welche behaupten, daß die Autoren zu lange geschützt werden, müssen ihrerseits den Beweis führen, daß überwiegende Gründe dafür vorliegen, die bisher allgemein geltenden Fristen abzukürzen. Denn das Naturgemäße bei jeder geistigen Produktion ist, ebenso wie bei jedem anderen Eigenthum, daß der Autor das volle Recht an seinem geistigen Produkte auf ewige Zeit hat. Nun können wir allerdings ein „ewiges Eigenthum“ an geistigen Erzeugnissen nicht konstituiren, weil die Rücksicht auf das allgemeine nationale Interesse fordert, daß nach einer bestimmten Frist eine Freiheit in der Benutzung geistiger Produkte eintrete. Aber diese Fristbestimmung im Rechte des Autors ist immer eine Beschränkung seines naturgemäßen ewigen Rechtes, und wer daher das Recht des Autors noch mehr, als bisher, beschränken will, muß die Nothwendigkeit für eine solche Maßregel beweisen. Der Autor hat nach meiner Ueberzeugung a priori den Anspruch auf ewige Dauer seines Urheberrechtes; es muß ihm dieses Recht gekürzt werden, weil sonst eine unauflösliche Collision dieses Privatrechtes mit der Forderung der Allgemeinheit eintreten würde. Aber wenn die Gesetzgebung, wie es in Deutschland seit 32 Jahren geschehen ist, sich allgemein entschlossen hat, die Schutzfrist der Autoren bis auf 30 Jahre nach ihrem Tode zu fixiren, so braucht der neue Entwurf jetzt nicht den Beweis zu führen, daß diese Frist angemessen sei, sondern die Gegner dieser Frist haben nachzuweisen, daß diese Frist zu lang bemessen sei. Diesen Beweis hat aber Niemand führen können; und darum glaube ich, daß der Reichstag sehr richtig verfahren ist, wenn er die Autoren in ihrem Rechte nicht weiter gekürzt hat.

Der zweite Einwand: daß der Entwurf sich in zu großer Kasuistik bewege, wäre ein sehr schwerer Vorwurf, wenn er begründet wäre; denn gerade wir Preußische Juristen wissen, wie unangenehm es ist, ein Gesetz anwenden zu müssen, welches Kasuistik treibt. Ich glaube nun aber, daß der vorliegende Entwurf in der That keine kasuistischen Bestimmungen enthält, sondern daß dieser Vorwurf lediglich aus einer ungenügenden Bekanntschaft mit der Materie der Nachdrucksgesetzgebung hervorgegangen ist. Es ist nämlich ein großer Unterschied zwischen „legislativer Kasuistik“ und „legislativer Entscheidung kontroverser Fragen“, und diejenigen Punkte im Entwurf, welche man als Kasuistik angesehen hat, sind in der That nur Entscheidungen wirklicher Kontroversen. Es sind seit der Entstehung der Deutschen Nachdrucksgesetzgebung, also seit etwa 30 Jahren, in dieser Materie eine Reihe von Fragen aufgetaucht, welche in den bisherigen Gesetzen nicht besonders vorgesehen waren und von den Gerichten in der verschiedensten Weise beantwortet worden sind. Ich erwähne in dieser Beziehung nur folgende Fragen: Inwieweit sind Zeitungen und einzelne Zeitungsartikel gegen Nachdruck geschützt? — Inwieweit ist es gestattet, Anthologien zu schreiben? — Inwieweit ist das Abschreiben als eine mechanische Vervielfältigung anzusehen? — Darf man Gesetze und amtliche Erlasse abdrucken oder nicht? u. s. w. Wenn nun ein Gesetz, wie das jetzige, nicht durchaus ungenügend ausfallen wollte, so mußte es diese Fragen legislativ entscheiden.

Man kann allerdings einwenden, daß ja dies Fragen sind, die der Richter sich schließlich aus dem Prinzip des Gesetzes selbst klar machen wird; aber in dieser Beziehung kommen zwei Punkte in Erwägung. Zunächst ist die Nachdrucksgesetzgebung ein so abgelegenes Feld, daß die wenigsten Richter mit den Details der Materie vertraut sind, und daß daher mit ziemlicher Gewißheit anzunehmen ist, daß die Richter in solchen Fragen mit ihren Ansichten auseinandergehen werden. Nun fordert es aber nach meiner Auffassung die Rücksicht gegen das betheiligte Publikum, daß wir das letztere nicht auf die variirenden Ansichten der Richter hinweisen, sondern daß wir diese Fragen so klar im Gesetze selbst beantworten, daß das Publikum sich beim Durchlesen des Gesetzes die Antwort selbst zu geben vermag. Es mögen die oben erwähnten Fragen für den Richter höchst interessante Streitfragen sein, — das Publikum antwortet uns: es ist ein Skandal, wenn das Gesetz keine bestimmte Auskunft darüber giebt! — Ich bin erst vor wenigen Tagen in der Lage gewesen, daß mich Jemand in Betreff eines Verlagsunternehmens, bei dem es sich um viele Tausend Thaler handelte, um Rath fragte, ob er dasselbe unternehmen könne, ohne sich des Nachdrucks schuldig zu machen, — und ich habe antworten müssen, daß die Sache höchst zweifelhaft sei, daß der Preußische Richter vielleicht bejahend, der Sächsische Richter vielleicht verneinend entscheiden werde! Das ist, m. H., ein Zustand, der meines Erachtens kein erfreulicher ist, und wenn das Gesetz diesem Zustande dadurch abzuhelfen sucht, daß es ein Paar Paragraphen mehr enthält, so kann man ihm nicht den Vorwurf der Kasuistik machen, sondern man wird sagen müssen, daß das ein Vorzug ist! Die Reichstags-Kommission hat dies auch anerkannt und hat, trotz aller Reden über Kasuistik, auch nicht einen einzigen Paragraphen aus dem Gesetze gestrichen!

Ich komme schließlich zu dem letzten Einwande: daß das Gesetz zu viele Strafen enthalte, daß hinter jedem Paragraphen der Staatsanwalt stecke, und daß sehr füglich die ganze Verfolgung wegen Nachdrucks dem Civilrecht überlassen bleiben könne. Ich glaube, daß man auch in dieser Beziehung dem Gesetz Unrecht thut. — Ich würde es geradezu für einen Rückschritt halten, wenn man aus dem Gesetze den kriminellen Theil entfernte. Was ist denn überhaupt ein Vergehen? Eine Begriffsbestimmung, daß diese oder jene bestimmte Handlung eine Bestrafung, und wiederum diese oder jene Handlung nur eine civilrechtliche Verfolgung erheische, ist bekanntlich nicht möglich. Der Begriff des Vergehens hängt einfach mit dem Volksbewußtsein zusammen; wenn die Handlung eine solche ist, daß das allgemeine Rechtsbewußtsein eine Reaktion durch öffentliche Sühne dagegen fordert, so ist die Handlung ein Vergehen. Von diesem Standpunkte aus müssen wir daher fragen: Qualifizirt sich die Nachdruckshandlung als eine solche, für welche die allgemeine Meinung eine kriminelle Ahndung fordert? — und diese Frage wird man, wie ich überzeugt bin, bejahen müssen. Wir haben überhaupt Nachdruck in Deutschland seit etwa drei Jahrhunderten, so lange, als die Buchdruckerkunst besteht. Ebenso lange hat man aber auch den Nachdruck als eine ehrenrührige Handlung angesehen! — Schon Luther sagt: „Was soll doch das sein, meine lieben Druckerherren, daß Einer dem Anderen so öffentlich raubt und stiehlt das Seine und unter einander Euch verderbt? Seid Ihr nun Straßenräuber und Diebe geworden?“ Calderon nennt den Nachdruck ebenfalls einen Diebstahl und ein neuerer Schriftsteller sagt mit Recht, daß der Nachdruck von jeher ein Schandfleck in der Deutschen Litteratur gewesen sei! — Es kann bei derartigen Aeußerungen darüber wohl kein Zweifel herrschen, daß der Nachdruck wirklich im Volksbewußtsein mit einem Makel behaftet ist, und daß es daher auch gerechtfertigt ist, ihn mit Strafe zu belegen. Es kommen übrigens außerdem auch eine große Menge praktischer Momente in Betracht, welche geradezu dazu zwingen, den Nachdruck mit Strafe zu bedrohen, wenn man nicht dem Nachdruck Thür und Thor öffnen und einen Zustand herbeiführen will, von dem Börne treffend sagt: „Einer Themis ohne Schwert, wirft man die Waage an den Kopf!“ Ich erwähne nur Eins. Die Praxis lehrt, daß die Nachdrucker meist Leute sind, welche kein Vermögen und keine Exekutionsobjekte besitzen. Für diese ist daher die Entschädigungsklage höchst ungefährlich, da sie einer Exekutionsvollstreckung in voller Ruhe entgegensehen können. Von Begehung eines Nachdrucks sind diese Leute nur dadurch in erfolgreicher Weise abzuhalten, daß ihnen eine kriminelle Strafe angedroht wird! —

Dies, m. H., ist der flüchtige Abriß, welchen ich in der kurz gemessenen Zeit über den neuesten Gesetzentwurf geben wollte. — Ich wiederhole: es hat bis jetzt ein Unstern über der gemeinsamen Deutschen Nachdrucksgesetzgebung geschwebt. Hoffen wir, daß es jetzt einmal gelingt, dieses Werk zum Abschluß zu bringen, und daß dann nicht auch in dieser Materie der Vorwurf mit Recht erhoben werden möge, daß unsere Zeit keinen Beruf zur Gesetzgebung habe!*)

(Allgemeiner Beifall.)

Inzwischen hat der Reichstag die zweite und dritte Lesung des Entwurfs beendigt und denselben in allen wesentlichen Punkten angenommen. Nur der fünfte Abschnitt, welcher von den Werken der bildenden Künste handelt, ist aus dem Gesetze entfernt. Es erschien dem Reichstag wünschenswerth, diesen Gegenstand gemeinschaftlich mit einem Gesetze über die Kunstindustrie zu behandeln, und er hat in einer Resolution ausgesprochen, daß dem nächsten Reichstag ein desfallsiger Gesetzentwurf vorgelegt werden möge.

Von den materiellen Aenderungen in den übrigen Abschnitten mögen nur folgende hervorgehoben werden: Der Schutz der posthumen Werke ist auf die Dauer von 30 Jahren vom Tode des Autors ab (nicht vom Erscheinen des Werkes ab) beschränkt; dem Beschädigten ist das Recht gegeben, anstatt der im Wege des Civilprozesses einzuklagenden Entschädigung, zu verlangen, daß vom Strafrichter neben der kriminellen Strafe auf eine an den Beschädigten zu zahlende Geldbuße bis 2000 Thlr. erkannt werde; es ist endlich als oberster Gerichtshof für Nachdrucksprozesse das Bundes-Ober-Handelsgericht in Leipzig eingesetzt. Es muß einem anderen Orte vorbehalten bleiben, ausführlich zu erörtern, ob und inwieweit diese Aenderungen als Verbesserungen anzusehen sind.

Der Bundesrath hat die Beschlüsse des Reichstages angenommen, und es ist somit der im obigen Vortrag ausgesprochene Wunsch, daß das lang ersehnte gemeinsame Gesetz perfekt werde, in Erfüllung gegangen.

*) Hier endet der Vortrag.